A' Bhana-phrionnsa agus am Peasair

Air ath-innse le Margaret Nash

Na dealbhan Liz Catchpole

A' Ghàidhlig Anna NicDhòmhnaill

STÒRLANN • ACAIR

Uair bha siud bha prionnsa a' coimhead
airson bana-phrionnsa airson a pòsadh.
"Càite an lorg mi bana-phrionnsa?"
thuirt am prionnsa.
"Feumaidh tu falbh gus an lorg thu tè,"
thuirt an rìgh agus a' bhànrigh.

2

Dh'fhalbh am prionnsa air cuairt.

Choimhead e anns a h-uile pàirt dhen rìoghachd.

Ach cha do rinn sin feum sam bith.

Chan fhaca e bana-phrionnsa a chòrd ris.

Aon latha thàinig stoirm mhòr.

Suis! rinn an dealanaich.

Bùm! rinn an tàirneanaich.

Suis! Bùm! Suis! Bùm!

Shèid a' ghaoth agus steall an t-uisge a-nuas.

Chuala iad cuideigin aig doras a' chaisteil.

"Cò tha siud?" dh'fhaighnich am prionnsa.

Thàinig an rìgh agus choimhead e.

An sin bha nighean - bog, fliuch.

"Cò thu?" dh'fhaighnich an rìgh.

"Is mise bana-phrionnsa," thuirt an nighean.

"Chan eil thu coltach ri tè," thuirt an rìgh.

"Ach chì sinn." Thug an rìgh a-steach i.

"Cò thu?" dh'fhaighnich a' bhànrigh.

"Is mise bana-phrionnsa," thuirt an nighean.

"Chan eil thu coltach ri tè," thuirt a' bhànrigh.

"Ach gheibh sinn a-mach."

"Am faod mi cadal nur caisteal?"
dh'fhaighnich an nighean.
"Faodaidh gu dearbh," thuirt a' bhànrigh.
"Nì mi leabaidh dhut an-dràsta."

8

Chuir a' bhànrigh leabaidh air dòigh.
"Gheibh mise mach an e bana-
phrionnsa a th' innte," ars a' bhànrigh.
"Cuiridh mi am peasair seo dhan
leabaidh aice."

Chuir a' bhànrigh gràinean peasair
air an leabaidh.
An uair sin chuir i babhstair air
muin a' pheasair.

Às dèidh sin
chuir i babhstair
air muin babhstair
air muin babhstair
agus cuibhrig
air muin cuibhrig
air muin cuibhrig.

"Nis gheibh sinn a-mach an e bana-phrionnsa
a th' innte," thuirt a' bhànrigh.

"Tha do leabaidh deiseil," ars a' bhànrigh
ris a' bhana-phrionnsa.
"Faodaidh tu dhol a chadal."
Chuir an rìgh às na coinnlean
agus chaidh iad uile a chadal.

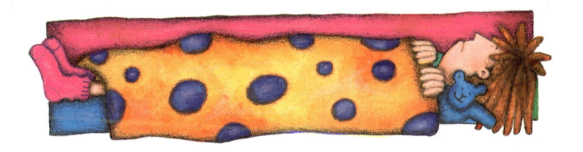

Ach cha b' urrainn dhan bhana-phrionnsa cadal.
Chaidh i air a druim.

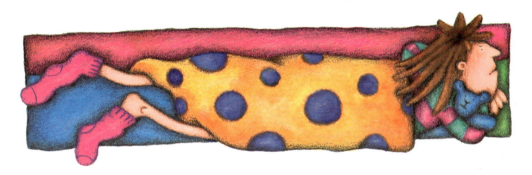

Chaidh i air a beul foipe.

Dh'fheuch i ri cadal air a cliathaich.
Ach cha b' urrainn dhi cadal.

Nuair a dh'èirich iad uile thuirt a' bhànrigh,
"An do chaidil thu gu math?"
"Cha do chaidil mi idir,"
thuirt a' bhana-phrionnsa.
"Cha robh an leabaidh ro mhath. Bha cnap
mòr innte."

Bha a' bhànrigh uabhasach toilichte.

"'S e bana-phrionnsa a tha annad gu
dearbh," thuirt i.

"Cha chaidleadh bana-phrionnsa sam bith le
peasair san leabaidh aice."

Mar sin fhuair am prionnsa a bhana-phrionnsa.
Taing dhan pheasair!
Chuir iad am peasair ann an cèis ghloinne
gus am faiceadh gach neach e.